AF240157

CATALOGUE

D'UNE

JOLIE COLLECTION

DE

TABLEAUX

ET DE

DESSINS MODERNES,

DONT LA VENTE AURA LIEU

HOTEL DES VENTES MOBILIÉRES,

RUE DES JEUNEURS, 16,

Les Jeudi, 11, et Vendredi 12 février 1847, à midi.

SALLE N° 2.

Par le ministère de M° RIDEL, Commissaire-Priseur,
335, rue Saint-Honoré.

Assisté de M. SCHROTH, Appréciateur, r. Fontaine-Molière, 33,
CHEZ LESQUELS SE DISTRIBUE CE CATALOGUE.

EXPOSITION PUBLIQUE

Le Mercredi 10 Février, de midi à 4 heures.

PARIS

IMPRIMERIE ET LITHOGRAPHIE DE MAULDE ET RENOU,
Rue Bailleul, 9 et 11.

2830

1847.

CATALOGUE

D'UNE

JOLIE COLLECTION

DE

TABLEAUX

ET DE

DESSINS MODERNES,

DONT LA VENTE AURA LIEU

HOTEL DES VENTES MOBILIÈRES,

RUE DES JEUNEURS, 16,

Les Jeudi, 11, et Vendredi 12 février 1847, à midi.

SALLE N° 2.

Par le ministère de M° **RIDEL**, Commissaire-Priseur,
335, rue Saint-Honoré.

Assisté de M. **SCHROTH**, Appréciateur, r. Fontaine-Molière, 33,

CHEZ LESQUELS SE DISTRIBUE CE CATALOGUE.

EXPOSITION PUBLIQUE

Le Mercredi 10 Février, de midi à 4 heures.

PARIS

IMPRIMERIE ET LITHOGRAPHIE DE MAULDE ET RENOU,
Rue Bailleul, 9 et 11.

1847.

ORDRE ET CONDITIONS DE LA VENTE.

L'on vendra le Jeudi 11 Février, les TABLEAUX,
Et le Vendredi 12, les DESSINS.

Elle sera faite au comptant.
Les acquéreurs paieront en sus des adjudications
cinq pour cent, applicables aux frais.

DESIGNATION

DES TABLEAUX.

M. AMIEL.

1 — Chevaux dans une écurie.

M. ANDRE (Jules).

2 — Paysage, lisière de forêt; sur le devant plusieurs bestiaux. Tableau d'une couleur vraie et d'une exécution soignée.

M. ALIGNY.

3 — Paysage, site de rochers, sur le devant un homme assis à terre à l'ombre d'un arbre, et dans le milieu une femme vue de dos, portant un enfant.

M. BEAUME.

4 — La Laitière et le pot au lait cassé.
5 — La Chasse aux canards sauvages.
6 — Clément Marot et la Reine de Navarre.

4

M. BIARD.

7 — Le Bureau de la poste aux lettres. Tableau bien composé et d'une grande originalité d'esprit et de caractère.

Mme BRUNE-PAGÈS.

8 — Le Nouveau-né. Un marin arrive et voit avec bonheur sa femme qui vient de lui donner un enfant, qu'il presse contre son cœur ; à côté de l'accouchée le médecin lui tâte le pouls, et plusieurs enfants s'occupent plus ou moins de la scène. Tableau bien peint et bien entendu de couleur, de lumière et d'effet.

M. CANON.

9 — Paysan assis près d'une cheminée, une perdrix dans les mains, près de lui une jeune fille appuyée sur ses genoux.

10 — Jeune Femme, la tête coiffée d'une couronne de lauriers.

11 — La Leçon de lecture.

12 — Le Nid enlevé ; un paysan, assis à terre ayant près de lui une jeune fille qui tient un nid, regarde la mère des petits oiseaux qui volent vers eux.

CHARLET.

13 — Jeune petit Garçon sur les genoux d'un bonhomme qui lui tire la langue ; à terre

un marmot mange une tartine de confiture. Tableau d'un joli pinceau et finement exécuté.

M. CARPENTIER.

14 — Sainte Elisabeth de Hongrie.

COLLIGNON (F. Jules).

15 — Paysage ; sur le devant une charrette couverte d'une toile. Tableau de l'effet le plus piquant.

M. DECAMPS.

16 — Homme assis à terre, près d'un mur, ayant à côté de lui son chien couché.

17 — Paysage, vue prise en Picardie ; sur le devant à gauche une mare et plus loin des maisons d'habitation. Petit tableau d'une grande finesse.

18 — Grec et Albanais près d'un rempart. Tableau d'une belle et riche couleur.

19 — La Fileuse. Femme italienne d'un grand caractère.

20 — Paysage, effet de soir ; sur le devant un paysan monté sur un cheval blanc ayant un petit garçon en croupe.

21 — Catalans à Marseille.

22 — Un Turc d'Afrique fumant le chibouck dans un appartement.

M. DESTOUCHES.

23 — L'Arrivée de l'Orpheline. Esquisse terminée, d'une jolie couleur et pleine de sen-
timent.

23 bis. Sainte Elisabeth faisant la charité.

M. DUPRE (Victor).

24 — Paysage et maison rustique; sur le devant
une mare.

M. DEDREUX-DORCY.

25 — Jeune Fille suivie d'un petit chien et tra-
versant un ruisseau. Tableau du plus
joli effet.

M. DEDREUX (Alfred).

26 — Jument poulinière anglaise. Étude.
27 — Chevaux sauvages.

M. DECAISNE.

28 — Femme italienne, le bras appuyé sur un pot
de grès. Tableau d'une belle et large
exécution.

M. DUPRÉ (Xavier).

29 — L'Attente du bien-aimé; jeune fille assise
dans une galerie ouverte et regardant
avec attention dans la campagne; sur le
second plan des danseurs sous une treille.
Tableau d'un joli effet.

7

M. DENOTER.

30 — Jeune Femme debout près d'un lit. Tableau
bien entendu d'effet et bien exécuté.

M. DIAZ.

31 — Enfants jouant.
32 — Jeunes Enfants assis à terre, leur chien
couché à leurs pieds; dans le fond un
paysage ouvert.
33 — Enfants dans un bois cueillant des noisettes.
34 — Groupe de Femmes sous une feuillée. Deux
jeunes filles assises à terre, l'une d'elles
jette des fleurs à l'autre.
35 — Groupe de femmes assises à terre.
Tous ces tableaux d'une couleur fine
et brillante sont d'un effet piquant et
d'un ton riche et harmonieux.

M. DESGOFFE.

36 — Paysage historique.

Melle DUPAN.

37 — Vue des environs de Genève; effet de soleil couchant.

M. DUVAL LE CAMUS.

38 — Joueur d'orgue comptant le bénéfice de la
journée.

M. FRANQUELIN.

39 — Sujet tiré de la jolie fille de Perth. Une jeune femme verse à boire à un cavalier vu de dos et assis devant une cheminée. Tableau d'une exécution agréable.

40 — Jeune Mère veillant son enfant malade.

M. FLEURY (Robert).

41 — Une Baigneuse ; elle est assise sur un monticule de terre, le corps en partie enveloppé d'une draperie blanche, et regarde un papillon posé sur son doigt. Tableau d'une couleur puissante et énergique et d'une grande harmonie.

42 — Costume de Naples.

Mlle FERRAND.

43 — Paul et Virginie assis près d'un palmier, à leurs pieds leur chien fidèle. Très joli tableau bien pensé et bien exécuté.

44 — Jeune Fille assise à terre et appuyée sur une chèvre qui mange des fleurs posées dans un chapeau de paille. Tableau d'une jolie exécution.

45 — La bonne Mère. Tableau d'une bonne couleur et d'un pinceau ferme et gracieux.

46 — Une jeune Mère veut faire prendre un bain à son petit enfant dans une cuvette ; la servante les regarde. Très jolie composition.

M. GRENIER.

47 — Le Retour de la Chasse ou les Chasseurs désœuvrés; l'un d'eux tire dans un chapeau qu'il défonce avec son coup de fusil. Tableau fin et harmonieux.

M. GUE.

48 — Vue prise au Vivier, reste d'un vieux château habité par Charles VI; sur le devant des vaches dans une mare.

49 — Vue d'un château sur le Rhin.

M. GUET.

50 — Femme de la Spezzia tenant un bouquet. Tableau d'un pinceau large et d'une bonne couleur.

51 — Jeune Femme, les épaules recouvertes d'un mantelet noir, un éventail à la main.

M. GUDIN.

52 — Marine avec bâtiment navigant par un vent frais, avec un ciel se chargeant de nuages.

53 — Marine avec plage; deux embarcations s'éloignant de la côte.

54 — Marine; sur la gauche une masse de rochers et plusieurs petites embarcations à la mer. Ces tableaux sont d'une couleur fine et d'une exécution agréable.

M. GINGEMBRE.

55 — Un camp en Algérie.

M. HEROULT.

56 — Vue de l'entré du port de Bayonne. Tableau d'une jolie exécution et d'un joli effet.

57 — Vue prise à la tête de Flandres; dans le fond on voit la cathédrale d'Anvers.

M. F. HILDEBRANDT.

58 — Plage à marée basse; des barques et beaucoup de personnages garnissent la grève. Tableau très riche de figures, d'une exécution gracieuse et d'une bonne couleur.

M. E. HILDEBRANDT.

59 — Marine avec barques de pêcheurs remplies de personnages. Tableau d'une couleur agréable et de la plus grande harmonie.

M. ISABEY (Eugène).

60 — Maisons d'habitations de pêcheurs au bord de la mer. Tableau d'une grande finesse.

61 — Jeunes Enfants jouant avec une raie; ils sont appuyés contre une cabane de pêcheur. Tableau rempli de jolis détails et d'une couleur délicieuse.

62 — La Procession dans l'intérieur d'une ville. Tableau très piquant d'effet.

63 — Le Coup de vent, Marins hissant un drapeau
français au haut d'un long bâton ; sur le
devant des enfants luttent contre le vent.
Tableau d'une grande énergie.

64 — Marine, effet d'orage, avec barques et
bateaux à vapeur. Tableau d'un effet
vigoureux.

65 — Jeune Femme dans un parc regardant deux
tourterelles qui se becquètent.

66 — Marine, gros temps ; sur le devant des pêcheurs s'efforcent de mettre une barque
à flots.

M. JOYANT.

67 — Vue de Venise. Tableau d'un joli effet et
d'une fine couleur.

M. JOINVILLE.

68 — Vue des environs de Naples.

M. JOLLIVET.

69 — Repos des laboureurs espagnols.

M. KRUSMAN.

70 — Vue d'une église sur le bord d'un grand
canal en Hollande. Tableau bien entendu
d'effet.

M. LONGUET.

71 — Jeune Fille algérienne assise dans un bois.
Tableau d'une couleur gracieuse et d'un
effet piquant.

M. LAMOISSE.

72 — Une Vue du Hoc (Hâvre).

73 — Une Marine, marée montante.

M. LAPITO.

74 — Paysage, vue prise à Interlachen.

75 — Autre avec chaumière entourée d'arbre.

M. LEEMANN.

76 — Jeune Fille assise dans une galerie décou-
verte, dans le fond la mer.

77 — Tête de Femme les yeux baissés.

M. LARIVIÈRE.

78 — Un Guerrier avec son fils, sur l'épaule du-
quel sa main est posée. Tableau d'une
touche ferme et spirituelle.

M. LÉPAULLE.

79 — Cerf faisant corne aux chiens dans l'intérieur d'une forêt ; dans le fond des chasseurs à cheval arrivent au galop.

M. MARZOCCHI.

80 — La Famille du Marin.

81 — Les deux Mignons. Deux copies d'après
M. A. Scheffer.

M. MARILHAT.

82 — Paysage, vue prise en Auvergne. Tableau
d'une grande finesse d'exécution.

13

M. MEYER.

83 — Marine avec barque montée par des marins qui hissent leur voile ; près de là une masse de rochers. Tableau d'une grande vérité et dont les vagues sont très transparentes.

M. MULLER.

84 — Marche de Silène. Grande esquisse terminée d'un tableau du Cassino Paganini.

M. MOZIN.

85 — Plage à marée basse.

M. MICHALLON.

86 — Le brigand Marzocchi.

M. NUYEN.

87 — Marine avec embarcation allant rejoindre un bâtiment.

M. PETIT (Victor).

88 — Plage à marée basse ; à gauche des maisons sur une jetée. Tableau d'un joli effet.

M. PAPETY.

89 — Paysanne romaine accoudée sur une ruine ; derrière elle un paysan assis. Tableau d'un pinceau vigoureux.

M. ROQUEPLAN.

90 — Paysage avec mare sur le devant, plus loin
des moutons devant un massif d'arbres.
Tableau d'une grande finesse et du plus
agréable effet.

91 — Jeune Femme donnant une pêche à un petit enfant soutenu par une petite fille.
Tableau d'une couleur riche et harmo-
nieuse et de la plus jolie facture.

92 — Paysage, effet du soleil couchant ; sur le
devant une rivière et un bateau avec
personnages. Tableau d'un effet piquant
et d'une grande harmonie.

M. RUBIO.

93 — Suissesse donnant à manger à une chèvre.

M RIQUIER.

94 — Vue du golfe de Naples ; sur le devant des
marins et leurs femmes près de leurs
barques. Tableau fin et lumineux.

95 — Jeune Fille italienne à la fontaine ; devant
elle son chien la regarde.

M. RÉMOND.

96 — Vue du lac de Thoun.

M. RENOUX.

97 — Intérieur de cloître gothique. Un jeune
homme assis près d'une croisée regarde
avec attention un portrait, et près d'une
colonne une jeune fille vient le surpren-
dre doucement.

M. ROUSSEAU (Philippe).

98 — Roses, camélia et capucine, derrière un
   verre dans lequel est un volubilis.

M. SCHEUREN.

99 — Plusieurs barques remplies de personnages
   se dirigeant vers un château placé sur
   l'autre rive.

M. TANEUR.

100 — Marine avec petites embarcations. Tableau
   d'une grande harmonie.

M. TROYON.

101   Intérieur de forêt avec mare. Tableau d'une
   grande finesse de ton et de la plus grande
   vérité.

M. WALTER (élève de M. CALAME).

102 — Paysage. Site sauvage coupé par un torrent
   traversé par un pont rustique.

M. VERNET HORACE (CARBIER d'après).

103   La procession du Corpus Domini sous la
   colonnade de la place Saint-Pierre à Rome.

M. VERNET LAUZET.

104 — Paysage. Entrée de bois ; sur le devant, une
   mare et des bestiaux.

M. VIDAL.

104 bis — Paysannes bretonnes près d'un champ
   de blé.

DESSINS.

—

BARON.

105 — Un peintre faisant le portrait d'un grand personnage,

106 — Mascarade à Venise.

Ces deux dessins à l'aquarelle sont d'une belle couleur et d'une belle harmonie.

— BELLANGE (Hippolyte.)

107 — Le peintre galant. Pendant qu'il fait une déclaration à une paysanne, de jeunes enfants barbouillent une ébauche.

Très beau dessin à l'aquarelle.

BOUCHEZ (Ch.)

108 — Militaire assis sur un banc tenant un jeune enfant posé sur sa cuisse. Aquarelle.

BEAUME.

109 — Pêcheuse au bord de la mer. Aquarelle.

110 — Jeunes enfants jouant avec un oiseau.

111 — Un pâtre béarnais assis sur un rocher.

BOYS.

112 — Vue du Pont-Neuf, à Paris. Aquarelle. Effet de soleil couchant.

— BOUQUET.

112 bis — Paysage coupé par un chemin et deux femmes; à droite une Croix de pierre. Pastel.

CALAME.

ʃ ✗ 113 — Paysage avec baraques au bord de l'eau; sur le devant deux personnages.

COLLIGNON (F.-Jules.)

114 — Paysage, site de montagnes; dans le fond la mer, et sur le devant une femme près d'un âne.

115 — Autre avec chemin sur lequel une charrette et des paysans.

Ces deux dessins au pastel sont d'une jolie couleur et d'une très agréable exécution.

CANON.

✗116 — Petite fille présentant de l'herbe à une chèvre. Aquarelle.

16 ✗117 — Jeune fille donnant la bouillie à un petit enfant.

8 ✗118 — Une fileuse.

✗119 — La bonne mère.

✗120 — Paysan caressant une chèvre.

CALLOW (William.)

121 — Paysage et rivière; dans le fond, un fort; au bas, un bateau à vapeur; sur le devant deux femmes.

122 — Marine. Gros temps avec navire près d'un rocher où il va s'échouer.

123 — Marine. A gauche, des masses de rochers et sur le devant deux embarcations.

GALLOW (John.)

121 — Marine. Calme, avec bâtiments près d'une jetée.

125 — Marine. Pleine mer, avec bâtiments sous voiles.

126 — Marine. Grand calme, avec montagnes à l'horizon.

127 — Marine. Pleine mer, avec bâtiments sous voiles.

CARELLY.

128 — Jeune voyageuse assise sur un rocher au bord de la mer.

129 — Vue de Procida. Golfe de Naples.

130 — Vue prise en Italie.

CHARLET.

131 — Convoi de blessés dans une charrette près d'un bouquet de bois ; dans le fond un combat. Très beau dessin à la Sepia.

131 bis — Etude à la mine de plomb de deux jeunes garçons, l'un vu de face et l'autre de profil.

CUTBERT.

132 — Paysage et fabriques ; sur le devant, deux moines. Sepia.

133 — Maisons d'habitation au bord d'un lac.

COUTAN.

134 — Jeune fille près d'une fontaine portant un vase qu'elle vient d'emplir.

COIGNET (Jules.)

135 — Paysage. Site d'Italie. Aquarelle.

DECAMPS.

136 — Paysage. Site de rochers. Sur le devant, un paysan conduisant un mulet.

137 — Autre avec château en ruines. Sur le devant, un troupeau de moutons qui pait.

138 — Paysage avec mare. Sur le devant, un chasseur tire un oiseau.

139 — Paysage. Site d'Italie. Sur le devant, un paysan suivi de son chien.

140 — Chiens bassets couchés près d'une auge.

141 — Arabes se chauffant. Dessin à la plume.

142 — Bretons faisant la conversation. Sanguine.

DANVIN.

143 — Moulins à vent sur une butte; à droite, une rivière.

144 — Paysage avec habitation et église de village.

DECAISNE.

145 — Jeune femme assise près d'une pièce d'eau, ayant près d'elle deux jeunes enfants. Aquarelle.

DAVID (Louis.)

146 — Une élégante bergère,

147 — Le concert champêtre,

148 — La conversation.

149 — La promenade dans le parc. Mine de plomb.

150 — Jeune femme ayant une corbeille de linge sur la tête et un pot de grès à la main.

151 — La toilette de l'enfant de troupe. Tous ces dessins à l'aquarelle sont d'une exécution gracieuse.

DEVERIA (Achille,)

152 — Le repos de l'Enfant-Jésus. Aquarelle.

DEVERIA (Eugène.)

153 — Le départ pour la promenade. Aquarelle.

FABRE.

154 — Jeune fille à la fontaine. Aquarelle

FERROGIO.

155 — Jeunes filles faisant des bouquets. Aquarelle.

FERRAND.

156 — Jeune fille faisant manger une chèvre.

157 — La dévideuse.

FORT (Théodore.)

158 — Paysan, monté sur son cheval, revenant du marché. Dessin sur papier teinté, réhaussé de blanc.

159 — Cavalier appuyé contre un arbre, tenant deux chevaux par la bride. Très jolie aquarelle d'une couleur vraie.

GIRARD.

160 — Paysage avec tour dans des broussailles. Sepia lumineuse.

161 — Autre. Site de rochers. Sepia.

162 — Autre. Sur le devant un monticule et des arbres, plus loin une habitation de paysans.

163 — Autre avec chalets ; sur le devant, des bestiaux qui paissent.

GIRARD (Ernest.)

164 — Jeune femme coiffée d'un turban.

GUDIN.

165 — Ruines au bord de la mer. Sepia.

HEROULT.

166 — Vue de la Tamise à Londres. Aquarelle.

167 — Paysage coupé par une rivière ; sur le devant des bestiaux dans un pâturage.

168 — Autre avec bateau sur une petite rivière et un grand nombre de bestiaux dans la plaine.

HUET (Paul.)

169 — Paysage et habitation de paysans ; sur le devant une pièce d'eau et des canards.

M. E. HILDEBRANDT.

170 — Plage à marée basse.

X 171 — Autre. Idem.

JOHANNOT (Alfred.)

X 172 — Une conversation.

X 173 — La remontrance.

174 — Don Juan au bord de la mer, secouru par
Aydée et sa suivante. Ces trois dessins
sont à l'aquarelle.

M. JOLY.

X 175 — Intérieur de cour de ferme. Sépia.

M. JOZAN.

X 176 — La partie de dames.

X 177 — La partie de tric-trac.

X 178 — Jeune fille appuyée sur un pan de mur.

X 179 — Le portrait.

M. JUNG.

180 — Bataille d'Austerlitz.

X 181 — Autre de Valmy.

X 182 — Autre de Leipsig.

X 183 — Autre de Wagram.

184 — Bataille de la Moskowa.

185 — Autre d'Eylau.

186 — Autre de Friedland.

187 — Convoi et bataille. Deux dessins à la mine
    de plomb.

M. ISABEY (Eugène.)

188 — Plage à marée basse avec barques de pê-
    cheurs échouées sur la grève. Très belle
    aquarelle.

M. LALAISSE.

189 — Jument poulinière et son poulain.

M. MIDY (Ad.)

190 — Paysan indiquant un village à une femme
    assise à terre.

M. MARSAULT.

191 — Deux jeunes filles assises, l'une d'elle lit et
    l'autre écoute avec attention.

192 — Soldat jouant avec un jeune enfant qu'il
    tient sous les bras.

193 — Le pêcheur à la ligne.

194 — Jeunes enfants dans une plaine.

M. OUVRIE (Justin.)

195 — Vue prise dans les montagnes du Dauphiné.

M. PAPETY (Dom.)

196 — Jeune femme italienne assise sur une ruine tenant un enfant qui l'embrasse.

197 — Chinois assis à terre et prenant du thé. Ces deux dessins à l'aquarelle sont d'une exécution soignée.

M. ROQUEPLAN (Camille.)

198 — Vue d'un parc avec vasque jetant de l'eau, dans le fond une ville. Dessin au pastel d'un bel effet.

199 — Enfants de pêcheurs sur la plage.

200 — Jeunes femmes assises, l'une d'elle tient une perruche sur son doigt et lui parle.

201 — Jeune fille assise à terre ayant près d'elle une corbeille de fleurs; dans le fond une pièce d'eau avec des cygnes.

202 — Marine. Sur le devant, le commencement d'une jetée.

203 — Jeune fille accoudée sur un paquet dans lequel il y a de l'herbe et des fleurs ; près d'elle, une chèvre mangeant des fleurs posées dans un chapeau de paille, dont les rubans sont passés dans son bras.

M. TAYLOR.

204 — Jeune garçon tenant un cheval par la bride. Aquarelle.

M. THENOT.

205 — Paysage et chaumière, sur le devant, un ruisseau. Aquarelle.

206 — Autre, effet de soleil couchant ; sur le devant, deux chasseurs, dont l'un tire sur un renard.

M. TUCKER.

207 — Marine avec embarcations sous voiles.

208 — Autre, avec bateau pêcheur ; plus loin, un bâtiment à l'ancre.

209 — Autre, avec un bateau près d'un navire dont les voiles sont en partie en pliées.

210 — Autre, sur le second plan, deux moulins à vent ; plus loin, des habitations et des montagnes.

Mlle A. VOULLEMIER.

211 — Jeune femme romaine tenant un jeune enfant nu qui dort. Aquarelle d'après M. Horace Vernet.

M. WATTIER (Emile.)

212 — La conversation.

213 — L'orage: Ces deux dessins sont à l'aquarelle.

214 — Tous les articles qui auraient été omis au présent catalogue seront vendus sous ce numéro.

1836 Imprimerie Maulde et Renou, rue Bailleul, 9.

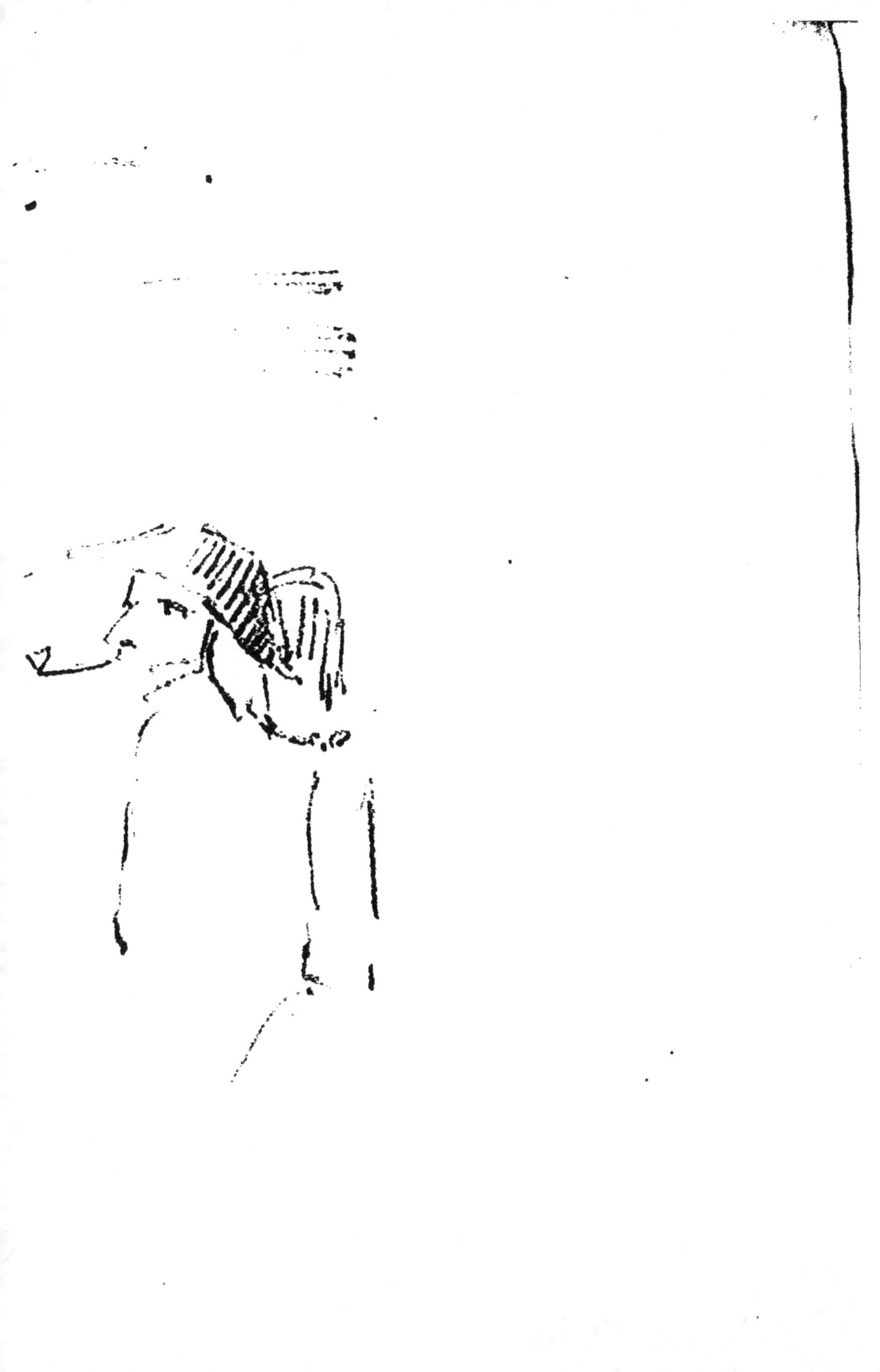

www.ingramcontent.com/pod-product-compliance
Lightning Source LLC
LaVergne TN
LVHW010506060726
842527LV00005B/1916